O MANEL

HELENA BÁRBARA MARQUES DIAS

Lidel – edições técnicas, lda.

LISBOA — PORTO
e-mail: lidel@lidel.pt
http://www.lidel.pt (Lidel *on-line*)
(*site* seguro certificado pela Thawte)

DA MESMA COLEÇÃO:

Nível 1:

- – OS GAIATOS – Raquel Baltazar
- – UM DIA DIFERENTE – Helena Marques Dias

Nível 2:

- – FANTASIA, SONHO OU REALIDADE? – Anabela Roque
- – HISTÓRIAS DO CAIS – Glória Bastos
- – O CARRO – Helena Marques Dias
- – RETRATO DE AVÓ – Filipa Amendoeira

Nível 3:

- – LENDAS E FÁBULAS DE TIMOR-LESTE – Helena Marques Dias
- – O RAPAZ DA QUINTA VELHA – Helena Marques Dias
- – VIAGEM NA LINHA – Maria Maya

EDIÇÃO E DISTRIBUIÇÃO

Lidel – edições técnicas, lda.

SEDE: Rua D. Estefânia, 183 r/c Dto. – 1049-057 Lisboa
           Internet: 21 354 14 18 – livrarialx@lidel.pt
           Revenda: 21 351 14 43 – revenda@lidel.pt
           Formação/Marketing: 21 351 14 48 – formacao@lidel.pt/marketing@lidel.pt
           Ens. Línguas/Exportação: 21 351 14 42 – depinternacional@lidel.pt
           Fax: 21 357 78 27 – 21 352 26 84
           Linha de Autores: 21 351 14 49 – edicoesple@lidel.pt
           Fax: 21 352 26 84

LIVRARIAS/FILIAIS

LISBOA: Av. Praia da Vitória, 14 – 1000-247 Lisboa
           Telef. 21 354 14 18 – Fax 21 317 32 59 – livrarialx@lidel.pt
PORTO: Rua Damião de Góis, 452 – 4050-224 Porto
           Telef. 22 557 35 10 – Fax 22 550 11 19 – delporto@lidel.pt

Copyright © julho 2011 (2.ª Edição revista); julho 1997 (1.ª Edição)
LIDEL – Edições Técnicas, Limitada

Capa: José Manuel Reis
Ilustrações: M. Lima

Pré-Impressão: MILARTE Atelier Gráfico, Lda.
Impressão e acabamento: Digital XXI – Soluções Gráficas, Lda.

Depósito legal: 329892/11

ISBN 978-972-757-786-6

O MANEL*

1.

O Manel comprou um computador e descobriu um novo prazer: ESCREVER!

— É tão fácil, diz ele. A gente* começa com uma ideia, carrega nas teclas e tudo aparece direitinho* no ecrã! Eu detestava escrever porque não gostava de ver a minha letra manuscrita! Mas assim, é um trabalho limpo!

De facto, ele está encantado com esta sua descoberta. Convenceu-se que vai conseguir escrever um romance. Ideias não lhe faltam* e, por isso, fechou-se em casa. Não sai nem para ir tomar um café com os amigos, nem mesmo para comprar um simples jornal! Afastou-se de tudo e de todos. Além disso, como não quer ser incomodado, nem atende o telefone. Deixa-o tocar eternamente. É claro que a pessoa, do outro lado da linha, desiste... insiste mais tarde... e volta a desistir...

Até há bem* pouco tempo, o seu passatempo preferido era ir ao fim da tarde até à Brasileira* do Chiado e conversar com os amigos e conhecidos que por lá passavam ou que lá faziam a sua sala de estar. Era lá que conhecia muita gente e ficava a par* das tricas* da cidade.

Como praticamente toda a gente o conhecia, dos empregados aos clientes habituais, todos, de repente, sentiram a sua falta. E ninguém consegue compreender o que levou o Manel a desaparecer assim!

4

2.

O António, o Miguel, a Matilde e o Pedro são os grandes amigos do Manel. Como não o veem há mais de uma semana estão a ficar preocupados.

— Ó pá, quando a gente o queria apanhar era só ir à Brasileira. Passava lá quase toda a tarde até à hora do jantar, disse o António, companheiro de muitas farras*.

— Não dá para acreditar*! Agora desapareceu sem deixar rasto*. Já telefonei várias vezes lá *p'a* casa mas ninguém atende*, comentou o Miguel.

O Pedro ainda tentou encontrar uma justificação dizendo:

— Se calhar* saiu para fora*. Ele não tem uma casa no Algarve?

— Isso não faz sentido. Se fosse *p'ò* Algarve, avisava*, dizia alguma coisa, respondeu o António. E continuou: — É por isso que eu estou preocupado. Não é estilo dele desaparecer assim*, sem dizer nada... Será que teve algum acidente e a gente não sabe de nada?

— Não acredito. As más notícias correm depressa. Se houvesse alguma coisa já toda a gente sabia, respondeu a Matilde.

— Então, se calhar, apaixonou-se e já nem se lembra dos amigos... Olha que ele é gajo* para isso*. Se, de repente, mete uma ideia na cabeça ninguém mais o vê! — concluiu o Pedro.

— Achas que sim? És capaz de ter razão! exclamou o Miguel.

— Ainda não me tinha lembrado dessa, disse o António. Mas não. Também não me cheira*. Ele não desaparecia desta maneira. O que eu acho mesmo* é que ele teve um acidente qualquer e está para aí num hospital a gemer com dores*.

— E nós não sabemos de nada e não o podemos ir visitar, acrescentou o Miguel.

— Que pessimistas que vocês são! disse a Matilde.

— Pessimistas? Não percebo porquê! Ele tem uma mota e não se pode dizer que ande devagar*. Se calhar espetou-se* *pr'aí* e ninguém sabe como contactar os amigos, continuou o António.

— Bom, o que a gente pode fazer é telefonar para os hospitais, sugeriu o Pedro. Nada como enfrentar as coisas diretamente.

— Também acho, disse o Miguel. Vamos a isso*.

3.

O Manel bocejou mais uma vez e espreguiçou-
-se. Tentou ler as últimas linhas do que tinha
acabado de escrever mas já nem conseguia distin-
guir as letras!

Olhou para o relógio.

— Já são quase três da manhã!? Exclamou sur-
preendido — Mais vale* descansar um bocado.
Estou incapaz de continuar a escrever, disse ele
para com os seus botões*.

Desligou o computador e saiu da sua salinha de
trabalho.

— Que semana!, pensou. Tantos dias seguidos
sem sair de casa... Eu nem me reconheço! Até
parece que estou doente! O António e o Miguel é
que devem estranhar*! E também a Matilde e o
Pedro... O que estarão eles a pensar? Nunca mais
me viram na Brasileira... Tenho que lhes dizer
alguma coisa amanhã ou depois.

De repente, olhou para o lado e viu em cima da
mesa, ao lado do telefone, algumas cartas por
abrir*. Eram as contas do gás, da água, da
eletricidade, do telefone...

— Que horror! exclamou em voz alta. Nunca
mais me lembrei disto. Se me descuido* ainda
fico sem água, sem telefone, sem eletricidade!
E depois? Como é que eu escrevo?? Amanhã, dê
por onde der*, tenho que ir ao Banco. Tenho que
pagar isto tudo. Mas agora vou dormir. Já não
aguento* mais a minha cabeça...

4.

Antes de se sentar de novo a trabalhar, saiu finalmente à rua. Sentiu o ar fresco da manhã a bater-lhe na cara. Como era bom! Depois de tantos dias em casa já não estava habituado a uma sensação tão agradável. Era bom! Era mesmo* muito bom!

Inspirou bem fundo e sentiu-se mais leve. Começou a andar sem se lembrar mais do que tinha para fazer. Atravessou a rua, virou à esquerda e continuou em frente. Era uma rua mais larga do que a anterior. Àquela hora não havia muito trânsito e, um pouco mais à frente, do lado direito, num pequeno jardim, várias crianças corriam atrás umas das outras; brincavam à cabra--cega*. Uma delas tinha os olhos vendados, e as outras fugiam à volta dela para ela não as apanhar.

O Manel recordou-se dos tempos da sua meninice e de quando brincava assim também, mas noutro espaço muito mais aberto do que aquele pequeno jardim entre prédios. Depois, lembrou-se dos seus amigos de infância e de como a sua vida mudou quando saiu da aldeia para a cidade... e não foi fácil habituar-se à cidade!

No entanto, hoje seria muito mais difícil habituar-se à aldeia. Agora tinha outros amigos, outros gostos, e na aldeia tudo estava diferente de outros tempos. Os amigos, tal como ele, também tinham saído ou para as cidades mais próximas ou para o estrangeiro. Na aldeia só ficaram os velhos, os animais e alguma natureza cada vez mais pobre... O último incêndio* na serra destruiu toda a vegetação, que era o que havia de mais bonito à volta daquele pequeno conjunto de casas. Com efeito, a paisagem era agora quase desoladora.

— Estou a ficar velho, disse para si próprio.

A pensar assim, foi andando sem rumo*. Já nem sabia muito bem por onde andava. Foi então que viu um Banco. Lembrou-se do que tinha para fazer e dirigiu-se para lá. Precisava de pagar as contas e também queria levantar dinheiro. Normalmente fazia tudo isto com o cartão magnético; mas, da última vez que o utilizou, a máquina "engoliu-o". Foi uma chatice* porque agora anda sem cartão e tem que se sujeitar ao horário dos Bancos.

Entrou. Mas nesse preciso momento sentiu um ambiente pesado. As pessoas que estavam no interior do Banco olhavam para ele de forma estranha. Por que será que as pessoas olham tanto para mim? pensou o Manel. O que será que eu tenho? Será o cabelo? Não. Eu estou penteado. Estou mal vestido? Não pode ser. Deve ser impressão minha. Mas, de facto, tenho a sensação de estarem todos a olhar para mim!

5.

Ouviram-se sirenes e, logo de seguida, vários carros da Polícia surgiram sem se saber de onde. Apareceram e pararam em frente do Banco de Crédito Internacional; os polícias armados saíram dos carros, cercaram o edifício do Banco e dois deles entraram de rompante* nas instalações; depois entraram mais três enquanto os restantes ficaram cá fora à espera de novas ordens.

As pessoas na rua olhavam umas para as outras sem perceber muito bem o que se passava. Fez-se um silêncio pesado. Ou por medo, ou por curiosidade, as pessoas instintivamente ficaram imóveis*. E o tempo, naquela parte da cidade, parecia ter parado.

Alguns minutos depois, pela porta principal do Banco, saíram três pessoas seguidas por dois dos polícias. Uma dessas pessoas era um homem muito bem parecido* que, à distância, aparentava* uns quarenta e cinco anos, era alto e de cabelo grisalho*; pela forma como andava parecia bastante calmo. A sua aparência não coincidia, de facto, com a posição dos seus braços: ia de "mãos no ar". Era um dos ladrões acabados de capturar pela polícia!

Um murmúrio* saiu dos lábios de muitos dos que presenciavam* a cena! Não, não podia ser. Um senhor daqueles não podia ser ladrão! A Matilde mal* conseguia acreditar e perguntou a um senhor que estava a seu lado e que, como ela, assistia* à cena:

— O senhor acredita? Acha possível que aquele homem tenha roubado alguma coisa?

— Ó minha senhora! Mas qual é o espanto? Hoje em dia só os ladrões é que têm boa aparência! São os únicos que vivem bem!...

— Mas ... mas ... Não! Não é possível! O outro que vem atrás é... é o Manel? O que é que ele está a fazer ali? Ele é meu amigo.

— A senhora é muito ingénua. Ainda acredita em amigos! comentou o mesmo senhor que se mantinha a seu lado.

— Claro. Eu conheço o Manel há muito tempo. Ele é incapaz de fazer mal a uma mosca*. Por acaso há mais de uma semana que ninguém o vê, mas... — Pois com certeza. Ele precisava de tempo para preparar o golpe* com os outros. Um assalto a um banco não se faz de qualquer maneira, continuou o senhor desconhecido.

No entanto, para a Matilde nada disso fazia sentido. O Manel foi sempre um amigo para todas as ocasiões. Muito prestável, pronto para ajudar os que precisavam. Tinha sempre todo o tempo do mundo para toda a gente. Os amigos que ele juntava na Brasileira eram o testemunho disso. Não. Não podia ser. O Manel não era um ladrão.

No entanto, ao memo tempo a Matilde também se interrogava sobre o que ele estaria a fazer ali? Aquele bairro ficava longe da casa do Manel. Ele não costumava frequentar aquela zona e aquele Banco não era o dele*. Não podia deixar de concordar* que havia qualquer coisa de esquisito* nesta história toda.

6.

O quarto não pode ser mais pequeno. Cabem nele, exatamente, uma cama, uma mesa e uma cadeira. Por cima da mesa, presa na parede, há uma prateleira que serve para pôr alguns livros, leves de preferência... Ao lado, uma pequena porta dá para uma minúscula casa de banho.

As paredes já foram brancas mas agora têm um tom indefinido, talvez pérola... talvez sujo... É isso. Pode dizer-se que é este último tom* que predomina*. Não há um único quadro, nem uma fotografia, nem um desenho, nem mesmo um calendário... nada! As paredes estão totalmente nuas! No canto, mesmo por cima da porta, há uma pequena mancha escura, arredondada no centro e de onde partem umas pequenas linhas; parece uma aranha mas deve ser uma mancha* de bolor*. Talvez seja alguma humidade que vem do andar de cima... é possível!

Cheguei há pouco menos de meia hora, ainda estou a descobrir os cantos deste espaço; mas, pelo que vejo, já não há mais nada para ver! Ah... é verdade, ainda tenho uma janela! Mas está tão alta que não dá para* olhar lá para fora. É pena! Gostava de espreitar*, mas assim tenho que usar a minha imaginação... Talvez com a cadeira em cima da mesa consiga vislumbrar* alguma coisa. Hei de tentar um dia destes*... agora não me apetece! Prefiro imaginar que há uma paisagem linda, com o mar ao fundo e algumas esplanadas dispersas por um enorme jardim onde brincam crianças... Talvez se veja a Brasileira! E os meus amigos...

14

Sei que é mentira, mas não faz mal*. Só a minha imaginação me pode ajudar agora enquanto não consigo esclarecer esta confusão.

Assim estendido* na cama o teto fica mais alto e o quarto parece mais espaçoso. Mas a lâmpada lá tão alta não dá muita luz... Não sei como é que vou conseguir ler! Vou pedir que me tragam um candeeiro para pôr em cima da mesa e também vou precisar de um rádio, de uma televisão pequenina e de um computador, claro... tenho que acabar de escrever o meu primeiro livro. Assim consigo ter, pelo menos, algum conforto e posso passar algum tempo sozinho, sem telefone! Que coisa boa! Será que vou poder ler, escrever, ouvir música?... Pelo menos, ler e escrever com certeza que posso!

De repente a porta abre-se com ruído e o guarda diz:

— Acompanhe-me. Tem uma visita na sala.

7.

— Matilde! Que bom ver-te! O que é que fazes aqui? Como é que soubeste que eu...

— Cala-te! Deixa-me ser eu a fazer as perguntas porque eu não consigo perceber* nada desta história.

— Não há nada que perceber. É tudo claríssimo. Prenderam-me em vez do ladrão. Eu próprio ainda não consigo perceber como é que aconteceu. Fui ao Banco levantar dinheiro e estavam a assaltar o Banco. Depois ouvi sirenes, dois polícias entraram e trouxeram-me *p'aqui*. Agora não sei.

— Como é que não sabes? Agora tens que arranjar um advogado, testemunhas, sei lá* mais o quê... Estás metido num rico sarilho*! A propósito, o que é que andaste a fazer este tempo todo que nunca mais ninguém te viu?

— Estive em casa.

— Tu? Em casa uma semana inteira? Só se estiveste doente! Não esperas que ninguém acredite nessa, pois não?

— É a mais pura verdade.

— Para quem não te conhece talvez. Mas eu não acredito. Nem eu, nem o Pedro, nem o Miguel e muito menos o António!

— Mas vocês têm que acreditar em mim. Eu tenho estado em casa a escrever um romance.

— Ah não! Essa não! Ó Manel! Tu enlouqueceste de vez*! Não é possível. Tu? A escreveres um romance! Não me faças rir! Mas o Miguel ligou-te* várias vezes e tu não estavas. Como é que explicas?

— Eu não queria atender o telefone. Estava demasiado ocupado.

— Decididamente não estás bom da cabeça. Estou a ver que o outro senhor tinha razão. Eu estava a ser muito ingénua! Ainda acreditava em amigos! Agora sei o que tu andaste a fazer durante esta semana toda.

— O que foi?

— Estiveste a preparar o assalto ao Banco!

— O quê? Tu achas-me capaz de...

Foi então que o Manel percebeu que estava metido num problema muito maior do que tinha imaginado.

8.

Deu um salto na cama assustadíssimo. Estava escuro e o seu relógio digital marcava as 5 e meia da manhã. Como é que aquele relógio podia aparecer ali? A menos que ...

Procurou o interruptor do candeeiro e acendeu a luz. Oh! Que alívio! Afinal tudo isto não passava de um sonho! E que sonho! Foi pior do que isso! Foi um pesadelo...

O Manel levantou-se. Foi junto do telefone e verificou que as suas contas continuavam por pagar*... Ficou mais descansado e voltou para a cama.

Nesse momento o Manel tomou uma decisão: no dia seguinte, ainda antes de ir ao Banco tinha que telefonar à Matilde e ao António. Precisava urgentemente de lhes contar o que andava a fazer. Não queria que eles ficassem a pensar que ele era capaz de estar a preparar um assalto!

Vendo bem, os seus amigos tinham o direito de conhecer os seus projetos... e compreendê-los... e na tarde seguinte, na Brasileira, muita gente se juntou à volta do Manel...

— Um romance? A sério? Que giro! — disse a Matilde.

— Nunca imaginei que fosses capaz de fazer isso... — acrescentou o Pedro.

— E tudo por culpa do computador? interrogava-se o António.

— O Manel? Uma semana em casa a escrever um romance? 'Tá maluco! Só pode ser! — comentou o Miguel.

19

Vocabulário

3 **Manel** forma familiar de Manuel
a gente (fam.) nós
aparece direitinho (fam.) aparece arrumado; certo
ideias não lhe faltam ele tem muitas ideias

4 **há bem pouco tempo** há muito pouco tempo
Brasileira café e esplanada, situado no Chiado, área da Baixa lisboeta com muita tradição onde se reuniam artistas e escritores no princípio e meio do século XX
ficava a par passava a conhecer; sabia a partir desse momento
tricas segredos; má língua

5 **farras** festas
não dá para acreditar parece impossível
sem deixar rasto sem deixar sinal; sem nenhuma indicação
p'a (coloquial) para
ninguém atende ninguém responde
se calhar provavelmente
saiu para fora saiu da cidade e foi para o campo, para a província ou para o estrangeiro
p'ò **Algarve** (coloquial) para o Algarve
avisava dizia com antecedência; dizia antes de fazer
desaparecer assim fugir desta forma; esconder--se dessa maneira
gajo (fam.) pessoa; rapaz; homem
é gajo para isso é uma pessoa capaz de fazer tal coisa
não me cheira (fam.) não me parece; penso que não

não fazer mal a uma mosca incapaz de magoar alguém; uma joia de pessoa

o golpe o roubo; o assalto

12 **não era o dele** não era o Banco onde ele tinha conta

não podia deixar de concordar tinha que concordar

esquisito estranho

13 **tom** grau de intensidade de cor

predomina é mais frequente; é mais regular

mancha nódoa; zona suja; pequena área mais escura

bolor fungos que se desenvolvem com a humidade

não dá para não deixa; não é possível; não permite

espreitar observar por um canto sem ninguém ver; ver por pouco tempo; ver um bocadinho

vislumbrar ver de forma pouco clara, ao longe

hei de tentar um dia destes vou experimentar qualquer dia

15 **não faz mal** não tem importância

estendido deitado

perceber compreender

16 **sei lá mais o quê** não sei que mais

rico sarilho tremenda confusão; grande problema

enlouqueceste de vez estás completamente maluco

ligou-te telefonou-te

18 **continuavam por pagar** ainda não tinham sido pagas; ele ainda não tinha pago